BIOGRAPHIC
DIOR

迪奥传

[英]利兹·弗拉维尔 著
Liz Flavell

段于兰 译

重庆大学出版社

迪奥传

DI'AO ZHUAN

[英] 利兹·弗拉维尔 著
段于兰 译

BIOGRAPHIC
DIOR
by Liz Flavell

图书在版编目（CIP）数据

迪奥传 /（英）利兹·弗拉维尔（Liz Flavell）著；段于兰译. -- 重庆：重庆大学出版社，2025.1
（50个标签致敬大师丛书）
书名原文：BIOGRAPHIC: DIOR
ISBN 978-7-5689-1721-6

Ⅰ. ①迪… Ⅱ. ①利… ②段… Ⅲ. ①迪奥尔（Dior, Christian 1905-1957）—传记 Ⅳ. ① K835.655.7

中国版本图书馆 CIP 数据核字（2019）第 164419 号

版贸核渝字（2018）第 210 号

Text © Liz Flavell, 2017, Copyright in the Work © GMC Publications Ltd, 2017

This translation of Biographic DIOR is published by arrangement with Ammonite Press an imprint of GMC Publications Ltd.

策划编辑：张菱芷
责任编辑：张菱芷　　　装帧设计：琢字文化
责任校对：邹　忌　　　责任印制：赵　晟
*
重庆大学出版社出版发行
出版人：陈晓阳
社址：重庆市沙坪坝区大学城西路21号
邮编：401331
电话：（023）88617190　88617185（中小学）
传真：（023）88617186　88617166
网址：http://www.cqup.com.cn
邮箱：fxk@cqup.com.cn（营销中心）
全国新华书店经销
重庆新金雅迪艺术印刷有限公司印刷
*
开本：889mm×1194mm　1/32　印张：3　字数：155千
2025年1月第1版　2025年1月第1次印刷
ISBN 978-7-5689-1721-6　定价：48.00元

本书如有印刷、装订等质量问题，本社负责调换
版权所有，请勿擅自翻印和用本书制作各类出版物及配套用书，违者必究

目录

标志性	06
介绍	08
01 生活	11
02 世界	33
03 工作	53
04 遗产	75
小传	92

标志性

当我们可以通过一系列标志性图像辨识出一位时尚设计师时,我们就能意识到,这位设计师及其作品对我们的文化和思想产生了多么深刻的影响。

介绍

每当说起克里斯汀·迪奥（Christian Dior），人们想到的往往是精美的时装、芬芳的香水以及高端的配饰。社会名流、王妃公主、俄罗斯大亨的女友们皆因其而活色生香。装饰在奢华的包袋上、考究的皮带间、精美的镜架上的"CD"标志是奢侈品牌的代名词，但却少有人会由此联想到20世纪四五十年代革新女装的法国设计师。

1956年，迪奥写道："世上有两个克里斯汀·迪奥。"对他而言，这确实是实话，分别代表公众眼里的他和私人生活里/私下的他——这个有些隐士气质的时尚大师，如此解读自己。如今，作为品牌名的"迪奥"与作为设计师的"迪奥"同样受世人瞩目。然而，如果我们不能深入了解设计师本人，我们又怎能真正理解这个高贵品牌的复杂性呢？

> "1947年，时尚已经到了该放弃挑战和冒险，稍稍回归本质的时候。"

——克里斯汀·迪奥
《迪奥的迪奥》（*Dior by Dior*），1957年

迪奥品牌总是不断地在时尚界引发轰动。首席设计师伊夫·圣·洛朗（Yves Saint Laurent）和他的三角形秋千装（triangular 'trapeze' dresses）在20世纪50年代末掀起高潮；艺术总监"顽童"约翰·加利亚诺（John Galliano）在1996年掌权后，将时装高级定制推向巅峰。2015年，迪奥仍然有能力创造历史，让蕾哈娜（Rihanna）成为第一位黑人时装大使；2016年，迪奥聘请了首位女性意大利设计师玛丽亚·蔻丽(Maria Chiuri)，担任艺术总监。但是，迪奥品牌故事里最鲜活生动的一幕，却依然停留在1947年，克里斯汀·迪奥先生的第一个设计系列在全球发布的那一天……

让我们穿越回到1947年2月12日，全世界正从第二次世界大战后恢复元气。那个时期，人们的生活艰辛而简朴，女性的时尚也被实用主义和阳刚之气所充斥。当克里斯汀·迪奥发布他的首个设计系列时，巴黎也正在努力收复时尚之都的地位。墙上的油漆尚未干透，蓝色飞燕草装饰着整个秀场，当模特们身着迪奥的设计身姿曼妙地在沙龙里穿行时，每个人都被惊艳到无法转开目光。迪奥女孩儿们展示着紧身塑腰胸衣、丰满迷人的胸部线条以及摇曳及地的裙摆。这个系列的造型极富女人味，被称作革命性的设计。

介绍

09

迪奥标志性的"酒吧"套装（'Bar' suit）是本场时装展的亮点，从此人们将这场风格定义为"新风貌"（New Look）。内心深处，迪奥先生既传统又怀旧，他总想在战后重新掀起浪漫主义的时尚潮流。从那时起，迪奥时装屋一代又一代的艺术总监们不断重新演绎"酒吧"套装，时至今日，他们创就无数辉煌并不断重新诠释迪奥先生的经典设计，也是向他致敬。

迪奥品牌能一直引领潮流，究其根源，是因为其创始人精神——克里斯汀·迪奥的天赋和才华渗透到了每一个系列中。在2016年春夏系列的时装发布会上，拉夫·西蒙斯（Raf Simons）让蓝色飞燕草再次绽放全场——展示由数字47点装饰的项链，用针织工艺再现的经典迪奥"酒吧"套装；2017年，玛丽亚·蔻丽设计的晚礼服系列上，满是迪奥钟爱的塔罗牌元素的精美刺绣；同年，她创作出全套深蓝色系列时装，向深爱这个颜色的迪奥先生致敬。就像克里斯汀·迪奥尝试回到过去寻找创作的灵感，迪奥的创意团队始终保持对传统的忠诚，对奢华的呵护……

"突然间，我开始满怀敬意地审视另一个自己。或许，那个可怜的时装设计师还想为自己说些什么……他的角色是大众品位的守护者，这确实是一个有价值的角色。"

——克里斯汀·迪奥
《迪奥的迪奥》，1957年

克里斯汀·迪奥

01
生活

"女士们天生就明白,我的梦想不仅是想让她们更美丽,而且更快乐。这就是为什么她们如此不吝惠顾。"

——克里斯汀·迪奥,《迪奥的迪奥》,1957 年

克里斯汀·迪奥

1905年1月21日，出生于法国格兰维尔(Granville)。

克里斯汀·迪奥出生于法国诺曼底（Normandy）的海滨小镇格兰维尔，是亚历山大·路易斯·莫里斯·迪奥(Alexandre Louis Maurice Dior)和玛丽·玛德琳·朱丽叶·马汀（Marie Madeleine Juliette Martin）家的第二个孩子，他度过了一个田园牧歌般的童年。迪奥全家住在粉色的 Les Rhumbs 别墅，这栋紧靠时尚海滨度假胜地的宅子坐落在悬崖之巅。妈妈迪奥女士热衷于园艺，她让 Les Rhumbs 庭园开满娇艳的花朵。

父亲莫里斯·迪奥因创办化肥公司发家致富。当地人总爱说：条条街道都能闻到"迪奥的味道"，意思就是，海鸥粪便散发出的刺鼻气味全都是从迪奥家的化肥工厂里飘出来的。

格兰维尔

在其时尚的鼎盛时期，格兰维尔被人们称为"北方的摩纳哥"。如今，时尚达人们来到这座诺曼底小镇，只为一睹迪奥童年生活过的 Les Rhumbs 别墅，现在的克里斯汀·迪奥博物馆。

在迪奥生日这天……
1月21日

1905年的世界

1924	英国著名喜剧演员班尼·希尔（Benny Hill）出生。
1924	共产主义革命家、苏联领袖弗拉基米尔·列宁（Vladimir Lenin）去世。
1940	高尔夫大师杰克·尼克劳斯（Jack Nicklaus）出生。
1941	西班牙歌剧男高音普拉西多·多明戈（Plácido Domingo）出生。
1950	英国小说家乔治·奥威尔（George Orwell）去世。
1970	波音747开启商业首航——纽约往返伦敦。
1976	协和式飞机开启商业飞行首航，两条航线分别为从伦敦希思罗机场到巴林，从巴黎到里约热内卢。
1979	冥王星穿过海王星轨道，成为太阳系最远的行星。
2013	英国电影导演迈克尔·温纳（Michael Winner）去世。

5月15日　美国

拉斯维加斯（Las Vegas）开埠成为铁路小镇，共计约668亩（110英亩）的土地被拍卖，后将用于城市主干道的建设。

3月4日　美国

西奥多·罗斯福（Theodore Roosevelt），昵称泰迪（Teddy），开始了他的第二个总统任期。他的第一任期始于1901年麦金莱（Mckinley）总统被暗杀之后。当时的他年仅42岁，是美国历史上最年轻的总统。

1月22日 俄国

1905，当沙皇军警在圣彼得堡（St Petersburg）向手无寸铁的游行示威的民众开枪射击时，俄国革命爆发了。包括妇女和儿童在内的约200人遇难，超过800人受伤。这一天被人们称作"流血星期日"（Red Sunday）。这场革命直到1907年7月才渐入尾声。

7月1日 瑞士

德国物理学家阿尔伯特·爱因斯坦（Albert Einstein）提出了极具开创性的"相对论"。这一理论彻底改变了人们此前对于物理学和天文学的认知。同年，他又发明了著名公式 $E=mc^2$。

诞生于1905年的银幕巨星

罗伯特·多纳特（Robert Donat）：3月18日
琼·克劳馥（Joan Crawford）：3月23日
约瑟夫·科顿（Joseph Cotton）：5月15日
亨利·方达（Henry Fonda）：5月16日
克拉拉·鲍（Clara Bow）：7月29日
葛丽泰·嘉宝（Greta Garbo）：9月18日

迪奥家族

莫里斯·迪奥是位富有的法国工业家,他的化肥厂经营得非常成功。1898 年,26 岁的莫里斯迎娶了比他年轻 6 岁的玛德琳·马汀。夫妇二人搬到莫里斯童年生活的格兰维尔居住,并在那里养育了 5 个孩子。

玛德琳严谨自律的同时也潇洒时髦。迪奥是她最宠爱的儿子,而她,是迪奥创作的灵感来源。玛德琳一度希望儿子能娶格兰维尔的英国陆军上校的女儿为妻,她从未想过自己的儿子会是同性恋。迪奥一生未娶未育。最终,他的时尚之屋成为他真正的家,而那些模特们,则常常被他唤作"我的孩子们"。

铃兰(Lily of the Valley)是迪奥和母亲最爱的花卉之一。

母亲
玛丽·玛德琳·朱丽叶·马汀
(Marie Madeleine Juliette Martin)
(1879—1931)

哥哥
雷蒙德·迪奥
(Raymond Dior)
(1899—1967)

克里斯汀·迪奥
(1905—1957)

迪奥永远忘不了儿时哥哥的那些恶作剧,比如把他反锁在地下室里,或者从卧室门缝里塞进臭虫。由于饱受折磨,迪奥把哥哥排除在遗产继承人之外。

父亲
亚历山大·路易斯·莫里斯·迪奥
(Alexandre Louis Maurice Dior)
(1872—1946)

> 凯瑟琳是法国抵抗组织成员。"迪奥小姐"这款香水正是克里斯汀以他妹妹的名字命名的。

妹妹
杰奎琳·迪奥
Jacqueline Dior
(1909—未知)

弟弟
伯纳德·迪奥
(Bernard Dior)
(1910—1960)

妹妹
吉内特·迪奥
(Ginette Dior)
又称作:凯瑟琳·迪奥
(Catherine Dior)
(1917—2008)

> 这个弟弟于1930年被诊断患有精神疾病,并一直由精神病院看管护理,直至去世。

儿时灵感

Les Rhumbs 别墅和格兰维尔的每一条街道都为那个带着些许孤独的男孩点燃了创作的激情。

嘉年华与服饰

对迪奥来说,格兰维尔嘉年华是一年之中最值得兴奋的时刻。全家老少会为假面舞会精心打扮。不管是扮演滑稽小丑还是海神尼普顿(King Neptune),迪奥的服饰总是创意十足。

灰与粉的交响

Les Rhumbs 别墅的外墙由柔和的粉色和灰色沙砾混合而成。迪奥在他此后的时装设计里广泛地运用这两种颜色组合,并用灰、粉来装饰迪奥时装屋的内部。

花卉的力量

迪奥痴迷于各色植物,因此他对花卉的名字了然于心,也懂得它们各自的特点和品性。

睡前读物

像《沙皇的信使》(*Michel Strogoff*)和《80天环游世界》(*Around the World in Eighty Days*)这样的图画书是小迪奥的最爱。而《海底两万里》(*Twenty Thousand Leagues Under the Sea*)里的"鹦鹉螺号"(Nautilus)更是激发了小男孩对工程学的热爱。

布草间

成天跟着布草间里的女佣和女裁缝打转,迪奥学会了使用缝纫机,还能自己制作嘉年华的服饰。

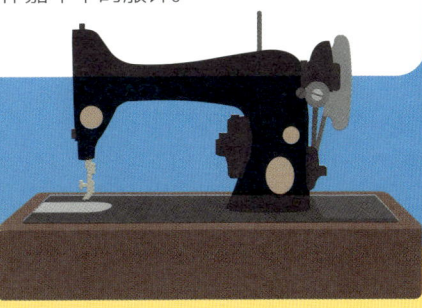

青年迪奥

> 格兰维尔　1905

1912

随着家族事业的蒸蒸日上,父亲莫里斯带着一大家子搬到了巴黎阿尔伯里克·马尼亚尔大街一栋宽敞的公寓里。迪奥尽情享受着在巴黎的美好时光。这一"最后的优雅时代"见证了维持女性修长挺拔身形的紧身胸衣潮流。这一时期,迪奥开始陪同母亲试穿新衣服。

1914

在巴黎读书期间,迪奥是个好学生。他唯一的坏毛病就是总爱在课本封面上涂鸦——各种脚踩高跟鞋的女性轮廓。第一次世界大战爆发以后,迪奥一家搬回格兰维尔,但巴黎最新流行的服装始终让迪奥魂牵梦萦。

1919

第一次世界大战以后,迪奥一家又搬回了巴黎,可那时的巴黎已面目全非。14岁的迪奥身不由己地受到"新时代"的召唤,深受立体派艺术和爵士乐的影响。他在学校的成绩一再下滑,但在巴黎著名酒吧"屋顶上的公牛"里,他遇到了毕加索(Piccaso)、科克托(Cocteau)还有萨蒂(Satie)。他们既是买醉者也是思想家。在那里,迪奥接受到一种完全不同的教育。

> "和其他同龄男孩一样,我欣赏女性的婀娜多姿,也沉迷于她们的迷人优雅。不过,要是有谁预言我将成为一名时装设计师,我肯定会非常震惊。"
>
> ——克里斯汀·迪奥
> 《我是女装设计师》(*Je Suis Couturier*)
> 1951 年

1923

迪奥还是个不羁的艺术家,他胸怀大志,一心想要成为一名建筑师。他的父母拒绝支持他的梦想,而希望他成为一名外交官。作为妥协,迪奥进入了巴黎政治学院学习。但与此同时,他整晚都在巴黎的剧院、酒吧、舞会、画廊和派对上,与一帮志同道合的、富有创造力的朋友们一起做真正热爱的事,比如作曲家亨利·索格(Henri Sauguet)、画家克里斯汀·贝拉尔(Christian Bérard),以及诗人兼画家马克斯·雅各布(Max Jacob)。

1925

在 1925 年的国际装饰艺术博览会上,迪奥受到了巨大的启发。当时的"时尚之王"保罗·波列(Paul Poitet)将三条停在塞纳河的驳船用红、白、蓝色装饰,并将其作为陈列自己设计的服装的展场。时尚和创意在他完美的展示中融合于一体。从波列开始,时装设计才被看作是真正的艺术。迪奥第一次开始展望这两个领域如何碰撞出火花……

游戏人生

到1928年，迪奥很清楚地意识到，外交官的工作并不适合自己。迪奥说服父母，出资赞助自己在巴黎开了一间画廊。正是这个机会引领迪奥走进了时装界的大门……

1928

迪奥的父母资助他开办画廊，但坚持要求不能用迪奥这个字为画廊命名。于是，迪奥同好朋友雅克·蓬让（Jacques Bonjean）一同开起了画廊，并以其名字命名，销售毕加索、布拉克（Braque）以及达利（Dalí）等画家的作品。

1938

瑞士时装大师罗伯特·皮盖（Robert Piguet）为迪奥提供他的第一份全职工作——助理设计师。巴黎名媛玛丽-路易丝·布斯格将他介绍给《时尚芭莎》主编，称他是"值得关注的设计师"。

1936

随着迪奥开始担任巴黎世家（Balenciaga）、莲娜丽姿（Nina Ricci）、夏帕瑞丽（Schiaparelli）以及巴杜（Patou）等品牌的自由插画师、设计师，他的时装事业开始起飞。随后他搬进了位于王室大道10号的一处新的公寓。

1939

第二次世界大战爆发，迪奥应征入伍。他是工程师团的一等兵。不久，德军攻占巴黎，迪奥随之被遣返。

1940

迪奥在法国南部卡利昂（Callian）的一个小镇居住了18个月。在那里，他开始涉足园艺种植。

1941

巴黎仍处于沦陷之中，可迪奥还是回到了他在巴黎王室大道的家。

1930

当 Les Rhumbs 庄园里的镜子莫名碎落一地时，向来迷信的迪奥深信这预示着将有 7 年厄运。就在这一年，他的弟弟伯纳德被诊断患有精神疾病，被送进了精神病院。

1931

迪奥的母亲去世，终年 51 岁。官方记录她的死因是败血症，但家人们都认为，是伯纳德生病所带来的悲痛导致了她的死亡。

迪奥家族的化肥生意也遇上了艰难时期，全家几乎一贫如洗。这一年晚些时候，迪奥的生意伙伴雅各布破产，画廊也随之关闭。

玛丽·玛德琳·朱丽叶·马汀
1879—1931

1935

迪奥搬到了时尚插画师让·奥泽纳（Jean Ozeenne）位于巴黎的房子里。奥泽纳教他如何画时装草图，并帮助他出售一些设计图。迪奥深受启发，他的艺术创作也日臻完美。

1934

迪奥染上肺结核，一位密友出资帮助他去往伊比萨岛的疗养院治疗休养。正是在那里，他发现了编织的挂毯，渴望用双手做点什么。

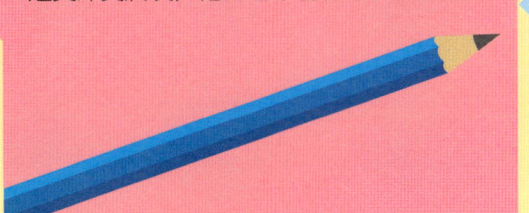

1942

迪奥与时装设计师皮埃尔·巴尔曼（Pierre Balmain）一同为吕西安·热龙（Lucien Lelong）时装屋工作。热龙作为巴黎服装工会学院（the Chambre Syndicale de laCouture Parisienne）的校长，在德国占领期间力挽狂澜，说服纳粹放弃将巴黎时尚产业转移到柏林去。当时，巴黎时装唯一的客户就是德国人，热龙设法让行业保持商业活跃，90 家时装店得以继续营业。

1946

迪奥获得菲拉普高登（Philippe & Gaston）时装屋艺术总监一职。不过，在人行道上偶然发现一颗"幸运星"之后，克里斯汀深信这是一个标志，提醒他应该珍惜这份工作并独自创立迪奥品牌……

新风貌

1946 年 12 月 16 日,迪奥时装屋(Maison Christian Dior)正式营业。1947 年 2 月 12 日,在这间著名的高定时装屋里,90 款不同造型的服装在时尚精英面前展示,引起了热烈的反响……

> "这简直是场革命!亲爱的迪奥,你的衣服展现了新风貌。"
>
> ——卡梅尔·斯诺(Carmel Snow),《时尚芭莎》主编,在 1947 年那场轰动首秀之后的几天写信给迪奥

争议

并不是每个人都对这一系列的设计赞赏有加,许多人认为"新风貌"系列缺乏爱国情怀,因为在物资匮乏的年代使用了大量的布料。在蒙马特区,为《时尚》杂志拍摄的时装模特们被市场摊贩投掷水果来以表抗议。

迪奥的第一

克里斯汀·迪奥的时尚革命一直持续到他 1957 年逝世。在这黄金十年，他一直处于时尚之巅，独揽无数第一。

1957 迪奥成为首位登上《时代周刊》杂志封面的法国时装设计师。

1956 "迪奥之韵"（Diorissimo）香水首发。

1955 迪奥聘请伊夫·圣·洛朗作为他的助手；发布由查尔斯·卓丹（Charles Jourdan）设计的第一款成品鞋；迪奥香氛推出以 22 只唇膏为主打的首个彩妆系列。迪奥珠宝向汉高 & 高仕公司（Henkel &Grosse）颁发第一张授权证书。

1954 迪奥接受马尔伯勒公爵夫人的邀请，在英国布伦海姆宫（Blenheim Palace）为玛格丽特公主举办了一场时装秀。随后，迪奥在伦敦的第一家高级成衣店开业。

1947

迪奥发布的第一个设计系列，以标志性的"酒吧"套装为特色。随后，第一款香水"迪奥小姐"上市。同时，克里斯汀·迪奥皮草诞生。

1949

第一个迪奥香水广告活动发布，其中包括迪奥西洋镜（Diorama）香水。

1950

迪奥成为第一位在包袋、围巾等奢侈品上标注自己名字的设计师。同年，迪奥第一款男性配饰——领带和领结上市。这一年，迪奥首次造访美国，这也是他一生中唯一一次美国之行。

1953

迪奥发布第一支口红——烈焰蓝金唇膏（Rouge Dior）。迪奥位于委内瑞拉首都加拉加斯的首家店铺开业。与罗杰·维维亚（Roger Vivier）倾力合作，打造出迪奥首款高级定制鞋。

迪奥数字

1 最爱的妹妹

迪奥有一个哥哥，一个弟弟和两个妹妹。但吉内特，也就是后来人们熟知的凯瑟琳，才是他的最爱。凯瑟琳给迪奥起了个昵称叫"Tian"，因此，他最爱的节日就是圣凯瑟琳节。凯瑟琳因为在第二次世界大战中为抵抗运动作出的贡献而被授予法国荣誉军团骑士勋章。

8 幸运数字

迪奥用数字8为自己的处女作之一命名。因为他觉得女性纤细的腰肢，饱满的臀部和丰满的胸部，看起来就好似数字8的轮廓。

1946年10月8日，迪奥时装屋在巴黎第八区一栋八层，设有八个工作坊的建筑里成立。

3 本书

迪奥自己写书，这样可以真实记录他的生活和工作。

《我是女装设计师》
I am a Couturier
（1951）

《迪奥的时尚笔记：写给每个女人的优雅秘诀》
The Little Dictionary of Fashion: A Guide to Dress Sense for Every Woman
（1954）

《迪奥的迪奥：克里斯汀·迪奥自传》
Dior by Dior: The Autobiography of Christian Dior
（1957）

87 个国家

到 1957 年，迪奥的设计已经征服了世界，包括澳大利亚、美国、加拿大、古巴、英国在内的 87 个国家都开设有迪奥品牌专卖店。

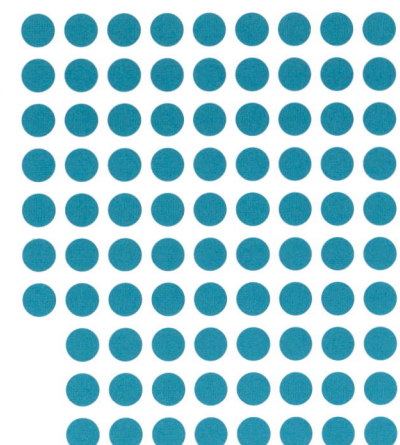

12 件华裳

电影明星们对迪奥先生设计的礼服梦寐以求。1956 年，迪奥为主演电影《小茅屋》的演员艾娃·加德纳（Ava Gardner）设计了至少 12 件戏服。

100 000 件设计

到 1956 年迪奥时装屋成立 10 周年之际，迪奥公司已经推出了成千上万款精美服饰，每年的营业额超过 2 000 万美元。

迪奥的离去

超负荷的生活

在带领迪奥时装屋的辉煌十年历程中,给迪奥先生的健康造成了伤害。他对食物过度迷恋,频繁用巧克力来缓解压力。1957年,迪奥体重超标,经常呼吸困难。他在办公室的会客厅里摆放了一张床,好让自己偶尔能够休息休息。

1957年10月24日

1957年秋天,迪奥在意大利温泉小镇蒙特卡蒂尼进行短暂休息时去世。吃过晚饭还玩了一局纸牌游戏后,他突发心脏病辞世,年仅52岁。

送给迪奥的鲜花

迪奥先生去世数小时后,迪奥时装屋的所有窗户都挂上了黑色的天鹅绒。很快,门前摆满了各种鲜花。政府为纪念迪奥先生的贡献给予了前所未有的荣誉——允许人们沿着凯旋门(Arc de Triomphe)大街上分发鲜花。

人们将迪奥送往法国南部卡利昂的公墓,与他的父母亲安葬在一起。这尊新浪漫主义风格的雕塑由迪奥亲自设计,他们一同长眠于松柏之下。

克里斯汀·迪奥

02
世界

"迪奥是我们这个时代独一无二的才华横溢的天才,他拥有一个神奇的名字——由'上帝'和'黄金'组合而成。"

——让·科克托(Jean Cocteau)
摘自玛丽·法兰西·波希娜(Marie France Pochna)
《克里斯汀·迪奥》(*Christian Dior*),2009 年

灵光之城

巴黎是迪奥一生的栖息地。让我们一起探寻他的家园和常去的其他地方……

幸运星
圣奥诺雷大街
（Rue du Faubourg Saint-Honoré）

迪奥正是在这条街上偶然发现了他的幸运之星。

迪奥家的住地
路易斯·戴维大街 9 号
（9 rue Louis David）

爱彼时装店
（House of Piguet）
香榭丽舍圆点广场 3 号
（3 Rond-point des Champs-Élysées）

迪奥在时尚界的第一份工作。

雅克·蓬让画廊
（Galerie Jacques Bonjean）
拉波埃蒂大街 34 号
（34 rue La Boétie）

迪奥与朋友雅克·蓬让一起开的画廊。

迪奥时装屋
蒙田大道 30 号
（30 avenue Montaigne）

从 1946 年起，迪奥时装屋就扎根在这座令人印象深刻的建筑里。

巴黎政治学院
（Paris Institute of Political Studies）
圣纪尧姆大街 27 号
（27 rue Saint-Guillaume）

为了取悦父母，迪奥于 1923 年到 1926 年在此就读。

梅德拉诺马戏团
（Cirque Medrano）

罗切超特大街 63 号
（63 boulevard de Rochechouart）

迪奥和朋友们很喜欢在这里观看弗拉特里尼兄弟和巴贝蒂的高空秋千表演。

布菲斯·杜·诺德剧院
（Théâtre des Bouffes du Nord）

教堂大道第 37 栋
（37 bis, boulevard de la Chapelle）

年轻的迪奥常驻之地。

屋顶上的公牛酒吧
（Le Boeuf Sur Le Toit）

布瓦西丹格拉斯大街 28 号
（28 rue Boissy d'Angla）

卡巴莱酒吧年轻的迪奥时常光顾。

脚尖酒吧
（Tip Toes Bar）

特朗克特大道
（Rue Tronchet）

20 世纪 20 年代，迪奥几乎每周都会来这与他那些同道合的艺术家伙伴聚会。

迪奥的公寓
（Christian's Apartment）

王室大道 10 号
（10 rue Royale）

1936 年，迪奥搬进此公寓。在第二次世界大战期间，他搬到法国南部，1941 年又搬回到这里。

- 工作
- 家庭
- 社交
- 重要事件

幸运的人

迪奥一生对运气和命运深信不疑。当他还是个小男孩时，总爱听奶奶讲述那些神秘的预言和征兆。而他一生都很迷信，总是依靠一些神秘信号来捕捉信息，帮助自己做出重大决定。当他有机会创立自己的时装店时，迪奥向占卜师迪拉哈耶（Delahaye）女士咨询。正是她的坚持，帮助迪奥抓住机遇，创立了迪奥时装屋……

塔罗牌（Tarot Cards）

每次时装秀前，迪奥都会用塔罗牌来预测结果。2016年，迪奥新的设计总监玛丽亚·蔻丽为了向迪奥先生致敬，直接用塔罗牌元素设计了一个服装系列。

四叶草（Clover）

迪奥相信，护身符具有神奇的力量。他的口袋里常年携带着自己的护身符——一片四叶草、一根铃兰树枝还有一枚金币。

星星（Star）

迪奥在巴黎的大街上偶然发现了他的幸运星。这枚小小的、粗糙的五角星成为激励他创办迪奥时装屋的标志。在所有的饰品和符号里，星星成为他的最爱。

占卜师（Fortune Teller）

迪奥习惯用占卜帮助自己做决定。比如何时召开发布会，几时休假。

雨伞（Umbrella）

如果有人敢带着雨伞走进他的办公室，肯定会立马被他轰出来！

桃心（Heart）

迪奥的口袋里总是放着两颗桃心，和他的其他幸运符一起。

铃兰（Lily of The Valley）

迪奥最喜欢的花。每场时装发布会上，他总爱藏一小枝铃兰在新品的褶边里。铃兰令人陶醉的香气，也成为迪奥标志性香水"迪奥之韵"的基调。

木块（Wood）

迪奥的口袋里有两块小木头。每次开发布会或者签署合同前，他都会伸手摸一摸它们。

当代女装设计师

20世纪的巴黎是世界高级时装的中心。时尚圈很小,设计师们彼此有着千丝万缕的关联……

克里斯托瓦尔·巴伦西亚加
(Cristobal Balenciaga)
(1895—1972)

迪奥把巴伦西亚加称作"我们所有人的大师"。这位西班牙设计师是缝纫和渔夫的儿子。在接受缝纫技能训练的巴伦西亚加在西班牙内战(1936—1939)爆发之前,已经是成功的设计师。1937年,他在巴黎开设了自己的高定服装店,并因自己杰出的创造力和精湛的服装轮廓设计技艺而出名。与迪奥强调女性婀娜体态不同,巴伦西亚加强调更富概念性的服装(如落肩茧形大衣、纸盒形连衣裙等。——译者著)。

于贝尔·德·纪梵希
(Hubert de Givenchy)
(1927—2018)

为奥黛丽·赫本在电影《蒂凡尼的早餐》中设计出经典小黑裙的设计师纪梵希出生在法国北部的博韦市。17岁那年,他进入时装设计大师杰奎斯·菲斯的时装店当学徒。纪梵希时装店于1952年开业,从此为巴黎时尚注入简洁时髦的气息。奥黛丽·赫本是他的缪斯女神,而时装大师巴伦西亚加则是他的偶像。20世纪50年代,他设计出了影响深远的"布袋装"(sack dress),20世纪60年代,他又将裙边提高,拥抱年轻潮流。

爱德华·莫利纽克斯
(Edward Molyneux)
(1891—1974)

罗伯特·皮盖
(Robert Piguet)
(1898—1953)

杰奎斯·菲斯
(Jacques Fath)
(1912—1954)

这位自学成才的时尚设计师出生于巴黎。虽然他的一生很短暂(年轻42岩浆就因白血病去世),但在定义巴黎时尚这件事上,他居功甚伟。在品位高雅的贵妇名媛的热烈追捧之下,菲斯时装屋于1947年开业。如纪梵希、纪·拉罗什之类的年轻设计师们都曾是他门下弟子。

卡尔·拉格菲尔德
（Karl Lagerfeld）
（1938—2019）

吕西安·热龙
（Lucien Lelong）
（1889—1958）

可可·香奈儿
（Coco Chanel）
（1883—1971）

1926 年，法国时装设计师加布里埃·可可·香奈儿将针织短裙引入时尚潮流。在她简约的设计中，紧身胸衣和裙衬成了多余。而香奈儿 5 号香水的巨大成功让她将商业版图扩大到珠宝、鞋履以及其他配饰提供了充足的资金保障。香奈儿曾说："流行稍纵即逝，风格却可永存。"她设计的小黑裙以及经典套装便是对其最好的诠释。

伊夫·圣·洛朗
（Yves Saint Laurent）
（1936—2008）

皮埃尔·巴尔曼
（Pierre Balmain）
（1914—1982）

巴尔曼时装店于 1945 年开业。这位法国出生的设计师曾在巴黎学习建筑，并把时装称为"移动中的建筑"。从大学辍学后，他便开始为皮盖绘制草图。后来，又为莫利纽克斯以及热龙工作，并在这里认识了迪奥。站在"法式新风貌"的潮流前沿，他的设计深受电影明星和皇室的喜爱。拉格菲尔德在进入巴杜时装店之前，也曾为他工作了足足四年。

让·巴杜
（Jean Patou）
（1887—1936）

迪奥女星

约瑟芬·贝克
20 世纪 20 年代巴黎传奇的舞蹈家和歌星。迪奥礼服是约瑟芬·贝克舞台表演的常备战袍。

玛琳·黛德丽
作为著名演员的玛琳·黛德丽，被人们称为"魅力的化身"。1947 年迪奥举办首场时装发布会时，她便亲临捧场。在希区柯克的电影《欲海惊魂》（*Stage Fright*）中，她便身着迪奥服装在银幕上绽放光彩。

伊娃·贝隆
作为阿根廷总统胡安·贝隆的妻子，贝隆夫人什么也不缺；打开衣柜，你能看到的是满满一柜子迪奥服饰。

玛戈特·芳婷
在 1947 年迪奥首秀上，这位首席芭蕾舞演员买下了"雏菊"套裙。之后她在自己的婚礼上，也身着迪奥的灰色真丝礼服出场。

劳伦·白考尔

20世纪40年代的电影明星劳伦·白考尔一生都是迪奥的粉丝。在其主演的电影《如何嫁给百万富翁》中，她就身着迪奥的时装。

玛丽亚·卡拉斯

这位美丽时髦的女高音歌唱家与迪奥有着紧密的合作。她在自己的演出中，多次身着全套迪奥礼服登台歌唱。

伊迪丝·琵雅芙

1952年歌手伊迪丝·琵雅芙在自己的婚礼上就选择了迪奥礼服；此款衣服是电影《天堂无路》中玛琳·黛德丽穿过的一件礼裙的复制品。

玛格丽特公主

英国公主玛格丽特在她21岁生日宴会上也选择了迪奥的礼服。在整个20世纪50年代她简直就是迪奥品牌的皇室代言人。

情投意合
大不列颠

英伦崇拜

迪奥的英伦情结始于他母亲在 Les Rhumbs 别墅打造英式花园。而他 20 世纪 20 年代造访英国之后，对这个国家的热爱更是与日俱增。迪奥醉心于英式贵族礼仪、英国建筑以及盎格鲁风格的一切，于是他开始学习英文。在巴黎的一帮波西米亚范儿伙伴中，迪奥总是搭配英式装扮的那一个——有人还说他是布卢姆斯伯里集团的一员。

英伦时尚

英国最伟大的两位时装设计师查尔斯·弗雷德里克·沃斯和爱德华·莫利纽克斯 对迪奥有着最为主要的影响。在 19 世纪，皇室和贵族成员时常出入于沃斯在巴黎的时装店。沃斯也被公认为巴黎高级时装的奠基人物。迪奥认识爱德华·莫利纽克斯，更仰慕这个英国人简约、精准、老练的设计技艺。同时，他们都对花朵有着浓烈的情感。

皇室关系

能与皇室保持亲密关系对任何亲英派人士来说都是锦上添花之事。而迪奥时装事业的高潮之一便是在 1954 年 11 月受邀前往英国布伦海姆宫为玛格丽特公主和 1 600 位锦衣华服的宾客举行时装展示会。在这场时装秀上，13 位模特展示了 100 件迪奥时装，同时为红十字协会募集到 9 000 英镑的善款。

饮食习惯

迪奥热爱各种口味的美食，尤其是英国菜。很难想象一个法国人会如此钟爱口味单一、多糖、难消化的英国菜，可迪奥就是喜欢吃肉馅饼、约克郡布丁、燕麦粥——还有煎蛋、培根以及填馅鸡。由迪奥编写、雷内·格茹配图的高级烹饪书《定制料理》（La Cuisine Cousu-Main）于 1972 年出版。后来，他的肾脏出现问题，无法正常代谢脂肪类食物。1947 年，他的体重有所增加，并因此两次心脏病发作（对此他严格保密），可即便如此，他还是沉溺于各色英式聚会。

其他亲英派名人

伏尔泰、阿道夫·希特勒、约翰·F.肯尼迪（右图）、汤姆·克鲁斯、约翰尼·德普、蒂姆·波顿、麦当娜、凯文·史派西、比尔·布莱森、路易德·格莱斯曼、特瑞·吉列姆、伊丽莎白·麦戈文。

时尚法则

1954年，迪奥出版了自己的着装指南，以下便是他的一些永不过时的优雅小秘诀……

关于配饰

"你在服装上的经费越有限，那么你就越应该关注你的配饰。同一件衣服，搭配不同的配饰，你就总能让人感到耳目一新。"

关于彩妆

"彩妆以自然为最佳，除了口红，其他部分最好自然得好像没画。如果你喜欢，也可以染上颜色鲜艳的指甲油，不过就我个人而言，更爱自然的颜色。"

关于波点

"波点是节假日休闲服饰的可爱搭配——不管是棉质衣裙还是海滩装束——波点元素运用在配饰上会都会显得亮眼。"

关于皮草

"在鸟儿身上的皮草可爱至极；在帽子顶上，皮草魅力四射。不过使用皮草必须有很高的欣赏水平，因为它既可以让你优雅美丽，也能让你显得愚蠢搞笑。"

关于内衣

"精美的内衣是完美着装的基础。"

影响

迪奥彻底改变了传统时尚风格。花朵成为他众多系列的灵感之源；卡罗拉玫瑰、铃兰、郁金香，迪奥用这些元素打造出极致的花样女子。

完美香氛

1948 年，"迪奥小姐"问世。

传世经典

1947 年推出的"新风貌"，凭借其全新理念，成为风靡全球的服饰风尚。

离世
1957

52 岁

87 岁

离世

传世经典

香奈儿经典套装和小黑裙，历久弥新，优雅迷人。

风格

1920 年代，香奈儿摒弃紧身内衣的束缚，用宽松、短款、时髦又舒适的设计，将女性解放出来。因为针织面料悬挂垂顺且经济实用，她将其大量使用到服装中。

影响

第一次世界大战的爆发，使女性的生活发生了翻天覆地的变化。香奈儿从男士着装以及军队制服中收获灵感，让职场女性穿着摩登又实用。

两个迪奥

迪奥称自己的回忆录为《克里斯汀·迪奥和我》(Christain Dior et Moi) [英文版书名为《迪奥的迪奥》(Dior by Dior)]，书里记录了这间知名的时装屋和他自己的成长经历。他是一个具有双重性格的人——一个是巴黎最成功的时装设计师，而另一个，则是痴迷隐居乡村的孤僻自我。

女人，无处不在的女人

到 1954 年，迪奥在巴黎已拥有 1000 名员工，其中绝大部分都是女性。他聘请优秀的女性担任高层职位，并称她们为"仙女教母"。雷蒙德·泽纳克，他的副手，主管商业运营；玛格丽特·卡蕾是他的"时尚夫人"，负责给他把关设计图纸；而米萨·柏利卡则是他的缪斯女神。他把众多美丽的模特当作自己的孩子一样宠爱呵护着。

善良且绅士

迪奥非常尊重为他工作的每一个人。他总能为大家创造一个轻松愉快的氛围，以此来激发灵感，培养创造力。圣诞节时，每一位员工都会收到由迪奥精心挑选的礼物。他也是位真正的绅士，每次乘电梯，他总是坚持最后一个进去。

腼腆个性

1957 年，迪奥时装屋每年营业额达到 2000 万美元。也正是在这一年，迪奥成为第一位登上美国《时代周刊》封面的设计师。然而，这位隐逸的时尚大师却很少亲自出面接待那些造访迪奥门店的贵客名流。他甚至拒绝了为影星碧姬·芭铎设计时装的机会。

隐逸闲人

情路坎坷

迪奥一生好像被魔咒围绕，他与众多男士保持"仅仅是好友"的关系，却从未遇见自己渴求的真爱。摩洛哥歌手雅克·贝尼塔是他最后一位"伴侣"，尽管对贝尼塔来说迪奥对他更像是一位慈父而非爱人。

坚强斗士

聚光灯后的迪奥深受压力和失眠的困扰，他的情绪变得易怒且脆弱。雷蒙德·泽纳克常常一步不离陪伴在他左右，当他工作太辛苦或贪吃巧克力时，就会劝阻甚至责备他。

隐居乡村

对迪奥来说，数周的乡村度假对其创作过程至关重要。他一连几天把自己关在卧室里，不停地画草图、设计和构思下一个时装系列。后来，他每个周末都会回到米莉森林的小屋小憩，还会用自己亲手做的水果酒招待访客。

你不知道的迪奥的 5 件事

1 一位占卜师曾经预言，女人是他的幸运星，她们会给他带来财富，他也会因她们而走遍天下。

2 儿时迪奥便开始学习钢琴，此后他一直喜欢弹奏钢琴。作曲家亨利·索盖是迪奥的密友。迪奥曾经创作过一系列钢琴曲，取名"法兰西"（Francaises）。

3 早在进入时装界之前，迪奥就一直梦想着成为一名建筑师。1931 年，他和一群建筑师造访苏联，被俄罗斯-拜占庭（Russo-Byzantine）风格的教堂深深吸引。

4 迪奥利用当年圣奥诺雷大街上拾到的幸运星打造出成百上千的复制品。这些星星就像荣誉奖牌一样被颁发给员工，以奖励他们卓越表现。

5 每个迪奥时装系列里都有一件外套被命名为"格兰维尔"。最近，迪奥时装屋又相继发布了以他家乡格兰维尔命名的香水以及珠宝系列。

克里斯汀・迪奥

03
工作

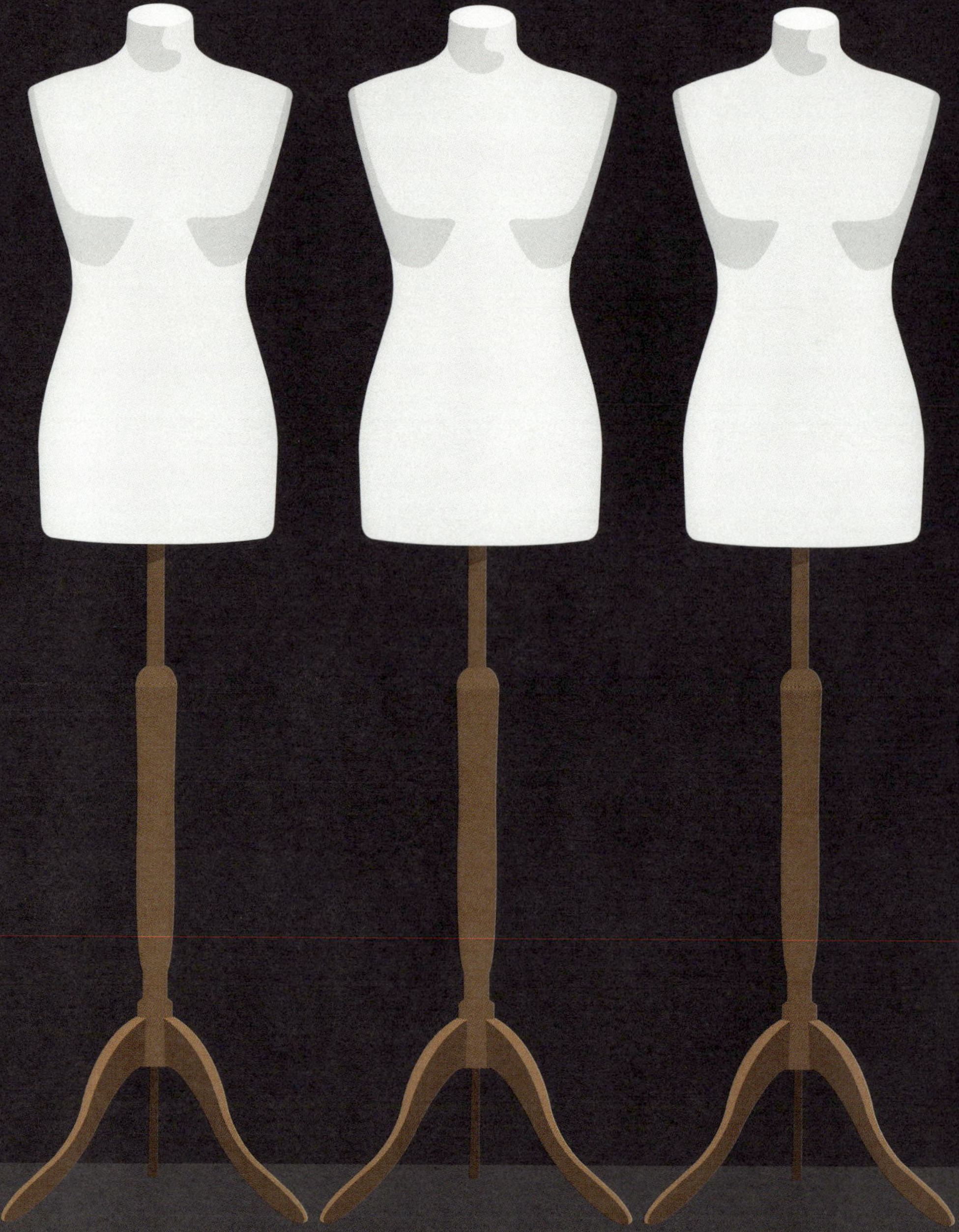

"在这个机器时代,时装产业是人类个性与特质最后的避难所之一。在我们这个阴郁的时代里,奢华,需要我们一寸一寸地捍卫。"

——克里斯汀·迪奥
《时装与商业》亚历山大·帕尔默,2001 年

创作历程

01 全球各地的商家带着他们的产品来到迪奥时装屋。迪奥从中选出最精良的布料、蕾丝和其他织物。

02 迪奥每年至少会有两次隐居在乡村工作，在他的浴缸里一躺就是好几个小时，潜心"创作"下一季的时装系列。

09 送离工作室的时装成品上用大头针附着面料样本。

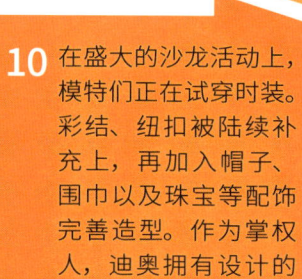

10 在盛大的沙龙活动上，模特们正在试穿时装。彩结、纽扣被陆续补充上，再加入帽子、围巾以及珠宝等配饰完善造型。作为掌权人，迪奥拥有设计的最终话语权。

03 由于有着丰富的时尚插画绘制经验，迪奥总爱即兴勾勒出自己的灵感。

"一整个系列的设计，始于一幅素描草图。"

04 草图会被送往巴黎：

"就像大树的汁液一样，创作灵感在迪奥的大脑中循环流动开来。"

05 缝纫团队开始制作"样衣"——服装最初的棉布版本。

06 样衣被反复修改调整，直到迪奥满意为止。

07 迪奥为每件设计精选面料。时装经过裁剪、调整、装饰、被定型，直至迪奥完全满意。

08 最终裁决——迪奥在成品中挑选出最后的产品。许多创作作品会在这个阶段惨遭淘汰。

"新风貌"大揭秘

迪奥于 1947 春季发布的时装系列从此改变了时尚风向。问题是,他是如何改变的、改变了什么、为何要改变?

外套:山东绸夹克

Q:我们以前见过这个造型吗?

A:是的。迪奥非常钟爱 20 世纪早期的优雅风格。这款设计的肩部线条沿袭 1916 年的设计,因此它其实并不是彻头彻尾的"新风貌"。

长裙:深褶皱黑色长裙

Q:那些裙摆有多长?

A:裙摆离地超过 14 英寸(约 36 厘米)。

Q:如此长度的摇曳长裙,需要多少面料呢?

A:面料耗费巨大。有时会用到 30、40 甚至 50 码布(约 46 米)

Q:这些裙装好像绽放的花朵,迪奥是如何做到的呢?

A:裙装用大量细麻纱和塔夫绸作为托衬,增加体积感。

Q:臀部呢?迪奥是如何对臀部进行强调的?

A:这是由于裙衬的作用。迪奥是杰出的时装设计师的同时也是位"建筑"大师。

每件裙装使用的布料超过50码(约46米)

胸部

Q：胸型看起来完美无比，迪奥是如何做到的？

A：为了达到圆润饱满的视觉效果，迪奥裙装上嵌入紧身胸衣，同时，他还坚持要求模特穿着胸衬。

腰部

Q：迪奥是如何打造出如此纤纤细腰的呢？

A：他使用紧身胸衣和鲸骨来雕塑身形。

面料

Q：每件时装看起来都如此奢华富丽，他使用了哪些面料呢？

A：羊毛、真丝、绸缎——迪奥只用最昂贵、最奢华的面料。

价签

晚礼服

340

法郎

（约相当于现在的 10 000 法郎）

成衣不低于

100

法郎

（约相当于现在的 2 500 法郎）

心之向往

迪奥的设计瞬间赢得电影明星和皇室贵族们的青睐。以及他们所拥有的巨额财富让他们尽情放纵。但直到1948年"新风貌"系列才开始在公众中流行起来。对大多数人来说,置装还是受到了服装定额配给的限制,因此,时尚达人们发明了自己的仿版"新风貌"……

1947

在英国,服装配给券从不允许使用迪奥风格的服装面料。一整年的服装限额或许只够一条迪奥裙子的开销。

大部分人也没有那么多钱在时装上挥霍——80英镑的日装,至少350英镑一条的晚礼裙,听起来就让人觉得荒谬!

战后批量生产"新风貌"服装所需要的优质布料也严重不足。不过,降落绸和军用卡其布倒是富余不少,只是没有被裁剪成时装罢了。

英国的服装生产商们本来并没打算生产"新风貌"时装。不过,随着时间流逝,这一设计的独特风格和庞大市场让他们改变了想法,尤其是当他们找到不用耗费巨幅面料就能获得类似"新风貌"造型的时候。

1948

年轻人对"新风貌"趋之若鹜,就算是即使意味着重新使用旧遮光材料的方式来制作飘曳的裙摆。他们用刺绣或者贴花让时装焕然一新,甚至自己为面料染色。

在英国,《巴特威克纸样设计》(*Butterwick Paper Patterns*)杂志专门发表了文章,教公众如何合理利用两条旧衣裙,组合改造成一款自制的"新风貌"时装。

乔治六世国王不想让他的女儿穿着"新风貌"风格的时装。可皇室御用时装师还是效仿"新风貌"用天鹅绒衣带为玛格丽特公主的一件外套做了蓬松加长的改造。

在荷兰,设计女孩们对"新风貌"裙装进行混搭拼接,使这一造型更有魅力。她们用美军 T 恤衫进行搭配,独创出别具一格的时装。

为了让裙子看起来长一些,再长一些,女人们通常会在腰带上额外添加布料,然后用上衣盖住,这样,就没人看得出来了。

迪奥的下一个创意

在接下来的十年里,迪奥创造出更加凸显女性线条的新设计:夸张与奢华,他的大部分设计都是纯粹的建筑艺术品。人们能从每一年发布的新系列名字里,领会到迪奥创意的内涵。

1947　花冠与重现巴黎系列

1949　幻想与异域系列

1947	1948	1949	1950	1951
花冠和"8"字形系列	"Z"字形和飞翔系列	幻想与异域系列	垂直系列	椭圆形系列
花冠与重现巴黎系列	翼形系列和旋风系列	剪刀和风车系列	斜纹交织和铃兰系列	长裙系列

🟡 春夏系列
🟢 秋冬系列

1953　生活系列

1956　箭头系列

1952	1953	1954	1955	1956
曲线系列	郁金香系列	铃兰系列	A字型系列	箭头形
轮廓系列	生活系列	H版型系列	Y字型系列	磁石系列

"裙边独裁者"

当迪奥将裙装加长,其他设计师也跟着效仿,于是,人们把他称作"裙边独裁者"。女人们被他不够实用的设计"包裹"起来。在20世纪60年代,玛莉·金恩特(Mary Quant)设计的迷你裙风靡一时,女士们即使穿着它去赶公交车也能保持时髦、精致。那么,在20世纪,女士的裙摆经历了怎样的演化呢?

1912	端庄、娴静,裙摆及地。
1914	第一次世界大战爆发,许多设计师缩短了裙边——"战时裙摆"能够解放女性、让女性更加自如地工作。
1919—1929	直筒裙和及膝裙是最为普及。不过,随着"flapper"风的流行,裙边比此前更高、更短。
20世纪30年代	"裙边"概念被首次提出。在经济萧条、生活困苦的年代,对裙边的审美又回归了传统。不过,身着晚装长裙的好莱坞明星们为这种造型增添了魅力。
1940—1947	战争期间,女性需要更加实用的服装,因此,及膝裙重返潮流。
1947	迪奥推出的离地仅14英寸(约36厘米)的裙摆让人们大受震撼。
20世纪50年代	高级时装是为老年女性准备的,但流行时尚则是为青少年准备的!丰满的裙型和衬裙有趣又精致,同时不经意间露出的脚踝更是让女性身姿卓绝。

迪奥传

| 20世纪60年代 | 裙边达到20世纪20年代以来最高的位置。伦敦设计师玛莉·金恩特设计出这一造型，并根据迷你轿车一词，将这个造型取名为"迷你裙"。 |

| 1966 | 裙边抵达大腿上部！彩色紧身裤是其必备搭配。 |

| 20世纪70年代 | 深受70年代电影影响的中长裙和超超长裙盛极一时。朋克摇滚风格又让短裙风回归。 |

| 20世纪80年代 | "啦啦裙"（rah rah skirt）有更大的弹力和荷叶边，不过，这款裙子和迷你裙长度相当。新老风格的碰撞，形成了维维安·韦斯特伍德顽皮活泼风格的"迷你蓬裙"（mini crini）。 |

| 20世纪90年代 | 20世纪末期，一切皆有可能！ |

| 21世纪初 | 超短迷你裙和束腰裙装搭配紧身裤成为西方女性的主流着装。与此同时，迷你裙引发的争议依然存在，一些非洲国家甚至试图禁止穿着迷你裙。 |

| 21世纪10年代 | 人们公认迷你造型是更加年轻阳光的风格，而迪奥的新风貌、长裙摆则更为成熟、经典。女人们（或者也可能是男人）到底穿多长的裙子，完全取决于他们的个人偏好。 |

超级大秀

迪奥每个系列的亮点,必定是在迪奥时装屋里的大卫沙龙举办的时装秀。整个团队,包括迪奥的部分好友,都会通宵达旦地为设计做最后的调整和加工。设计团队的精心准备和各界的期待,为迪奥服装秀拉开完美的序幕……

> "迪奥时装秀是备受期待的时刻,就好像亲临大剧首映的第一晚,或者观看精湛管弦乐队的首演。"
>
> ——伊莲娜·罗莎
> (Hélènne Rochas)

1951 秋冬系列

迪奥发布了他最钟爱的设计之一——长裙系列。这一设计受到19世纪弗雷德里克·沃斯设计的公主系列启发,该系列用精巧的剪裁而非紧身胸衣和束腰来塑造完美身形。

腼腆的迪奥

迪奥非常内向，以至于不敢坐在前排直接观看观众的反应。所以，他总是躲在幕布后面，等待他最信任的助手——雷蒙德·泽纳克向他汇报情况。

每一个细枝末节

迪奥是整场时装秀的总负责人，即使小到一张节目单，他都会亲力亲为。

"观看迪奥以往的每一场时装秀都是最完美的视觉享受，这是一场浪漫精彩的盛会。凭借着无可挑剔的品位、高度的文化敏感性以及对传统的尊重，迪奥开创了无与伦比的复古风尚。"

——塞西尔·比顿
(Cecil Beaton)

迪奥说颜色

黑色
"这是所有颜色中最流行、最百搭、最优雅的一种……这也是所有色彩中最显瘦的一款,除非你的肤色真的实在太差,否则它就是最讨嘉的颜色之一。"

蓝色
"在所有颜色中,海军蓝是唯一能与黑色相媲美的颜色……挑选蓝色服装时一定得小心,因为在自然日光和人造灯光下,颜色差别会非常大。"

粉色
"这是最甜美的色彩。每个女人的衣橱里都应该有一件粉色的衣服。"

褐色
"与黑色搭配,这是配饰的最佳用色之一,比如包袋、手套以及鞋子,因为这是很自然的颜色。"

灰色
"最百搭、实用、优雅的中性色彩……许多不适合穿黑色的人,可以尝试深灰色(切记:如果你是个大高个儿,应该选择深灰色。而如果你娇小玲珑,浅灰色会更适合)。"

对于色彩，迪奥拥有独特的天赋。他认为，搭配一套服装，两种颜色便足够了。他建议女士用一点点活力四射的色彩来搭配中性色。对于穿着讲究的女士来说，色彩搭配尤为重要。

——克里斯汀·迪奥，《迪奥的时尚笔记》，1954年

绿色

"这是大自然的色彩——当你遵循自然的配色方案时，就永远不会出大错……每个人、每种肤色都有适合的绿色。"

紫色

"紫色——色彩之王；不过，使用紫色得非常谨慎，因为这个颜色看起来不会太显年轻，而且不是特别鲜艳……"

红色

"活力四射、满满正能量的颜色。这是生命的色彩……鲜艳的红色——绯红、邮筒红、深红、樱桃红都非常喜庆，充满青春活力。也许稍微素雅一点的红色会更适合年纪稍长的人——对不是特别苗条的人同样适用！"

黄色

"黄色象征着青春，它代表着太阳和好天气……不过，如果你发色太浅或者肤色苍白，最好对黄色敬而远之。"

白色

"白色是夜晚最美丽的颜色……白色纯洁又简单，配什么都合适……没有什么比一尘不染的白色更能迅速打造出光鲜亮丽的良好形象和更快地搭配好造型了。"

H线条设计

并非所有人都喜欢迪奥接下来的设计。1954年，他用H线条造型再次对时尚进行改良和突破。挺拔圆润的胸部消失了，取而代之的是"平胸造型"。

造型重塑

平胸造型得名于其平坦的胸部线条。这一造型是对此前纤细腰肢和丰满胸部做出的巨大改变……

> "我的身材不是拿来展示任何男性化时尚的，所以我为什么要穿这款时装？"
>
> ——玛丽莲·梦露谈H服装设计

德加胸衣
(The Degas Bodice)

这款胸衣与印象派著名艺术家埃德加·德加（Edgar Degas）为芭蕾舞演员设计的服装一样，扁平单薄。这款设计优雅精致，让人耳目一新。任何人穿上德加胸衣，胸部看起来都会更小，从而焕然一新，显得更加年轻。

"很多次，我听到男士的抱怨。由于衣服的桎梏，共舞之时，他们根本无法感受到女人鲜活曼妙的身体。"

——克里斯汀·迪奥
《时代周刊》，1954 年

都铎胸衣
(The Tudor Bodice)

既浪漫又富有戏剧性，这款修长贴身的胸衣将胸部高高托起，就像亨利八世时期皇宫里贵妇们的穿着一样。穿着整套都铎胸衣的女性，看起来更加年轻，性感迷人。

更多迪奥

迪奥渴望用"迪奥品牌"从头到脚地装扮女性。于是,他用毕生精力,将自己的品牌拓展至香水、皮草、包袋、皮鞋、男士服饰、配饰等各个领域。

迪奥香水

迪奥曾说:"女人的香水,比她的笔迹更能透露内心。"对花朵的痴迷是他 1947 年发布了他们的第一款香水"迪奥小姐"的灵感来源。随后,迪奥于 1956 年推出了"迪奥之韵",这款香氛散发着他最迷恋的花朵——铃兰的芬芳。

高定鞋履

作为时间的坚守者,迪奥说过:"一个女人是否优雅,看她的双脚便知。"1953 年,迪奥与设计师罗杰·维维亚合作,为他的 VIP 顾客设计出一款样式简约、量身定制、品质优异的女鞋。

贴牌授权

迪奥钟爱昂贵的皮革手袋,他认为时尚女士应该有搭配任何场合的合适的包袋。作为精明的商人,他将贴牌授权的理念引入了时装界。迪奥的包袋都是由其他生产商代工,迪奥支付一定比例的利润作为回报。

"我必须了解全世界优雅女性的需求。"

——克里斯汀·迪奥
《时代周刊》，1957 年

纽约，新店

1948 年，迪奥纽约时装店在第五大道开业。这家专卖店为美国女性提供成衣系列。

盒子带来的新鲜感

贵妇们可以身披迪奥香氛，全副迪奥装扮，从位于蒙田大道 30 号的迪奥时装店离开。到 1957 年，围巾、珠宝、帽子甚至袜子，迪奥产品涉猎颇广。迪奥每件商品都用精美至极的盒子包装起来，配以迪奥的 log 并系上丝带。

迪奥时装的 5 个小故事

01 迪奥喜欢怀拥自己设计华服所用的面料入睡，这样他就能对面料的触感和形式有最真实的感受。

02 迪奥每一件时装，都用一幅素描和一个数字进行登记归类。

03 每年 11 月，迪奥先生会与面料、内衣、珠宝、纽扣、皮带、帽子以及其他各类供应商进行 15 分钟的会谈。届时，供应商们会携带自己的各式商品让迪奥鉴赏挑选。

04 纯棉材质，一直被认为登不了高级定制的大雅之堂，因此，直到 1950 年，迪奥才开始在系列设计中使用这种"廉价"的面料。然而，当他采用印花棉布制作令人赏心悦目的下午装时，又再次引领了潮流。

05 1957 年推出的纺锤系列是迪奥的谢幕之作。宽松、无腰，该系列大部分设计都不需要胸衣和裙衬。这些服装设计轻快，穿着者可以自如地进行各种活动。

这款黑色罗缎鸡尾酒礼服就来自纺锤系列设计，这是迪奥的最后的设计作品之一。

迪奥传

克里斯汀·迪奥

04
遗产

"迪奥这个神奇的名字,对于普罗大众来说,就是时尚的代名词。就连出租车司机的词典里,也有他的

"一席之地……而同时，这也几乎是唯一一个能唤醒大多数男士心中时尚意识的名字。"

——贝蒂娜·巴拉德（Bettina Ballard）
美国《时尚》杂志主编，《迪奥时尚》（*Vogua on Dior*），2012 年

大秀终将继续

在迪奥时装屋侧翼等候着的，是才华横溢的年轻时装设计师伊夫·圣·洛朗……

简历

全名： 伊夫·亨利·多内特·马蒂厄 - 圣 - 洛朗
Yves Henri Donat Mathieu-Saint-Laurent
出生地： 奥兰（Oran），法属阿尔及利亚
出生日期： 1936.8.1

个人档案：
圣·洛朗从小是个常在学校被人欺负的孤僻小孩，只有绘画和素描为他带来慰藉。带着对时尚的痴迷，他为姐妹们设计服饰，一心想要在时装界闯出名气。

特点：
超前性思维
创意十足
果断坚定

教育 & 工作背景

1952 青年圣·洛朗来到巴黎，进入巴黎时装工会学院学习。

1953 圣·洛朗提交了三幅素描作品去参加国际羊毛局的设计比赛，获得第一名。第二年，《时尚》杂志主编米歇尔·德·布伦霍夫对其设计印象深刻，并建议他朝时装设计师方向发展。

1955 不到 20 岁的圣·洛朗开始在迪奥时装店担任设计师。由于天性腼腆矜持，他的天赋过了很久才被老板发现和挖掘。后来，圣·洛朗提及迪奥时说：

"他教给我艺术的准则……我永远不会忘记我在迪奥身边工作的那些岁月。"

1958 — 1960 圣·洛朗设计出6个迪奥系列，但是人们认为他的设计对于这个传统品牌来说，过于大胆前卫。

1958 秋
短暂而甜蜜的成功：圣·洛朗的第二季时装系列反响不佳，人们开始质疑，时装是否已经行将就木。

1960 阿尔及利亚独立战争爆发，圣·洛朗应征入伍。在此期间，迪奥公司终止了与他的合约。

1957 8月
克里斯汀·迪奥告诉伊夫·圣·洛朗的母亲，她的儿子已被选作迪奥的接班人。

迪奥告诉他的搭档雅克·鲁特，他将培养圣·洛朗作为接班人：

> "最近这个系列中，他的40件设计都打动人心。我需要所有关于他的资料，我要了解他。"

10月24日
克里斯汀·迪奥突然辞世，圣·洛朗临危受命，成为迪奥时装店首席设计师。

此时他才21岁！

1962 1月
经过一段时间的治疗，圣·洛朗回归时装界，推出自己的品牌，举办了第一场时装秀。

伊夫·圣·洛朗是时装界的领军人物之一。在年轻的时尚潮流迅猛发展之时，他让法式优雅风情屹立数十年不倒。

他的最佳设计包括蒙德里安裙（Mondrian dress）和左岸系列(the Rive Gauche)及其旗下的时尚成衣系列。

闪耀红毯

20 世纪 40 年代
玛琳·黛德丽
Marlene Dietrich

在讨论电影服装时，这位性感女星曾说道："没有迪奥，就没有黛德丽。"她亲临迪奥在 1947 年的首场时装秀，并当即下单订购了 10 套时装。

20 世纪 50 年代
玛格丽特公主
Princess Margaret

乔治六世国王不允许他的女儿们穿着迪奥"新风貌"系列服装。可是，年轻的玛格丽特公主仍然在 1951 年她 21 岁生日时穿着迪奥设计的白色礼服出场，并公开声称"这是我最爱的衣服。"

20 世纪 60 年代
玛丽莲·梦露
Marilyn Monroe

迪奥的设计让女性曼妙的身姿更加迷人。玛丽莲·梦露就多次身着迪奥为她专门设计的露背裙亮相。

20 世纪 70 年代
格雷斯·凯利
Grace Kelly

20 世纪 50 年代是格雷斯·凯利的好莱坞鼎盛时代，那时她是"新风貌"系列的坚定拥护者。到了 70 年代，同步腰身转变为轻薄。当她一跃成为摩纳哥王妃后，迪奥飘逸的及地长裙更是令她优雅无比，与其王妃的身份相称。

20 世纪 **80** 年代
伊莎贝尔·阿佳妮
Isabelle Adjani

这位法国电影明星在 20 世纪 80 年代成为迪奥的形象大使。她穿着色彩更加夸张的异域系列，出现在 1985 年迪奥香水"毒药"（the Fragrance Poison）发布会上。

20 世纪 **90** 年代
黛安娜王妃
Lady Diana

与查尔斯王子离婚后，黛安娜王妃彻底脱离王室束缚，拥有了更加自由的穿衣风格。在纽约举行的迪奥 50 周年庆典上，她身着一袭迪奥晚装惊艳全场。

21 世纪初
凯特·摩丝
Kate Moss

超模凯特·摩丝选择迪奥作为战袍参加 2005 年纽约举行的时装设计师协会颁奖典礼。这款及膝紧身胸衣风格的鸡尾酒礼服是对经典迪奥风格的现代尝试。此后，摩丝成为迪奥魅惑系列的新代言人。

21 世纪 **10** 年代
蕾哈娜
Rihanna

流行乐女王蕾哈娜成为迪奥的红毯代言人。2016 年，蕾哈娜与迪奥品牌合作推出了墨镜系列。

迪奥时装屋

迪奥时装屋一直致力于创作经典造型和必备饰品，众多产品受到富人和名流的热爱和追捧……

戴妃包的特征就是手把上的 D.I.O.R 四个字母吊饰。

风格手袋

"戴妃包"（The Lady Dior）由迪奥品牌于 1994 年推出。后来，法国第一夫人，贝尔纳黛特·希拉克将这款——最初被名为"宠儿"（Chouchou）——的手袋作为礼物送给戴安娜王妃。王妃深爱这个款式，订购了几乎所有颜色。此后，她所到之处，几乎都能看到这款皮包的靓影。为了表达对黛安娜王妃的致敬，迪奥公司将这款皮包改名为"戴妃包"。

每只戴妃包需要 **8** 小时打造

售价：**3100** 英镑

旷野须后水

这款旷野须后水由迪奥品牌于 1966 年推出，而其极具神秘感的气息让女士们也争相涂抹。演员史蒂夫·麦奎因就是它的忠实粉丝，而约翰尼·德普更是为其主演广告。

这款须后水迷人的原因在于其含有一种叫作希蒂莺（Hedione，来自希腊语 hedone，愉悦的意思）的化学物，它有着茉莉和木兰的清香。最近，科学家们发现希蒂莺能激发大脑中的性兴奋度。换言之，旷野须后水真的具有让女人兴奋不已的力量！

眼睛也"时尚"

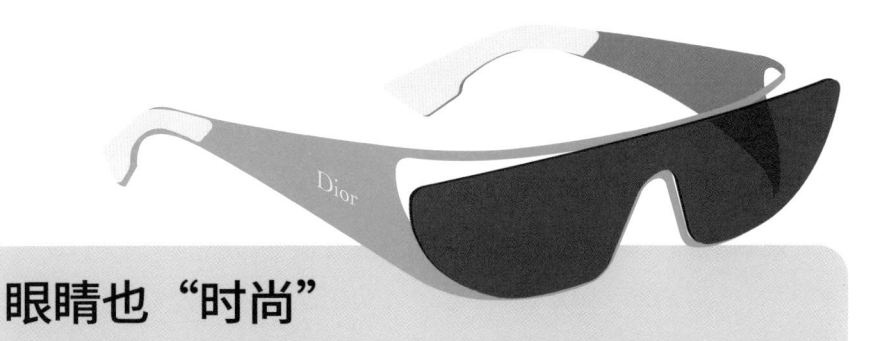

迪奥一直是"时尚"女性的首选品牌。21世纪时尚女孩的典范、歌手蕾哈娜不仅是迪奥的品牌大使,更于2016年与迪奥品牌合作,推出了自己的眼镜系列。这一系列就叫"蕾哈娜",它有着时髦独特和超现代的优势,它是在展望未来而非回望过去。

蕾哈娜全程参与整个制作过程;在了解清楚迪奥眼镜的所有设计资料之后,她开始绘制草图,然后再选择生产所需的颜色和材质。这一系列设计改变了摇滚明星的造型风格,提升了其原来廉价的品位。

独家合作款
蕾哈娜墨镜
售价约为
540 英镑

迪奥男装

迪奥男装店于1970年开业,到1989年,其盈利已经占到迪奥品牌的40%。2000年迪奥重新推出Dior Homme,男装销售量再次井喷。同年,布拉德·皮特就身着一款经典修身西服与珍妮弗·安妮斯顿举办盛大婚礼。其他诸如米克·贾格尔、坎耶·维斯特等各路明星也都对迪奥桀骜品牌的各款服饰钟爱有加。

修身西服依然备受追捧,但品牌仍然在不停地实验创新。2016年,极富创意的设计总监克里斯·万·艾思从滑板文化中获取灵感,而英国演员罗伯特·帕丁森也成为其灵感缪斯和模特。2017年,在克里斯汀·迪奥逝世60周年,他以20世纪80年代酒吧男孩造型为灵感,进行新款的设计。

多媒体看迪奥！

《献给哈里斯夫人的鲜花》
(Flowers for Mrs. Harris)
保罗·加里克（Paul Gallico）
（企鹅出版社，1958 年）

哈里斯夫人是住在伦敦的一名清洁工。一天，她爱上了其中一个富有的雇主的一件迪奥礼服。

当她在赌球中赢了 100 英镑时立马奔赴巴黎，寻找属于自己的迪奥时装……

《穿迪奥的女孩》
(Jeune Fille en Dior)
安妮·葛珊洁（Annie Goetzinger）插图
（NBM 出版社，2015 年）

本书带领读者来到秀场后台，见证 1949 年 2 月那场改变命运的"新风貌"系列发布会前后，迪奥时装屋所发生的一切故事。

《阿里斯夫人去巴黎》
Mrs 'arris Goes to Paris
（1992）

这部由安吉拉·兰斯伯瑞、奥玛·沙里夫、黛安娜·里格主演的电影，以《献给哈里斯夫人的鲜花》为脚本。

《克里斯汀·迪奥：神话背后的男人》
Christian Dior: The Man Behind the Myth（2005）

这是一部关于年轻迪奥的纪录片，由菲利普·蓝弗兰基执导。

《迪奥和我》
Dior and I（2014）

纪录拉夫·西蒙入驻迪奥时装屋之后所呈现的第一季时装系列的纪录片，由谢瑞克·切意（Frédéric Tcheng）执导。

迪奥的遗产远不止于时尚界。以下是一些例子，展示了迪奥如何在书籍、歌曲和电影中被永久铭记。

《天生我材必有用》
(*You Must Be Good For Something*)
霍尔与奥茨
1977 年

《走向耶路撒冷》
(*Walking to Jerusalem*)
特雷西·伯德
1995 年

《媲美彩虹》
(*Rainbow High*)
麦当娜
1996 年

《拉卡特拉》
(*La Cartera*)
卡洛斯·比韦斯
2000 年

《克里斯汀·迪奥》
(*Christian Dior*)
莫里西
2006 年

《更强大》
(*Stronger*)
坎耶·韦斯特
2007 年

《标签还是爱情》
(*Labels or Love*)
菲姬
2008 年

《为我跳舞》
(*Dance 4 Me*)
普林斯·罗杰斯·内尔森
2009 年

《足够强大》
(*Strong Enough*)
50 美分（本名柯蒂斯·詹姆斯·杰克逊三世）
2009 年

《哇哦》
(*Woohoo*)
克里斯蒂娜·阿奎莱拉
2010 年

《出埃及记》
(*Sexodus*)
M.I.A.
2013 年

《身姿》
(*Body*)
肖恩·保罗
2017 年

迪奥品牌的时间卷尺

1960
马克·博昂（Marc Bohan）被任命为创意总监

1980
男士香水米尔斯问世

1979
"迪奥之韵"香水问世

1975
迪奥首款手表"黑月亮"发布

1973
克里斯汀·迪奥皮草高级成衣系列启动

1984
贝尔纳·阿尔诺收购维洛特集团，后者是迪奥公司的老板

1985
"毒药"香水首次发布

1989
奇安弗兰科·费雷成为迪奥品牌首位非法国籍首席设计师

2007
克里斯·万·艾思成为迪奥男装艺术总监

2005
迪奥集团庆祝克里斯汀·迪奥诞辰100周年。一场名为"克里斯汀·迪奥：世纪名人"的展览在迪奥博物馆举行。

2002
斯里曼获得"年度国际设计师"称号

2007
迪奥时装屋迎来60周年华诞

2011
约翰·加利亚诺由于发表反犹太言论被解雇。比尔·盖登接任艺术总监一职。

2012
时装设计师拉夫·西蒙出任艺术总监

1963
迪奥之魅香水发布

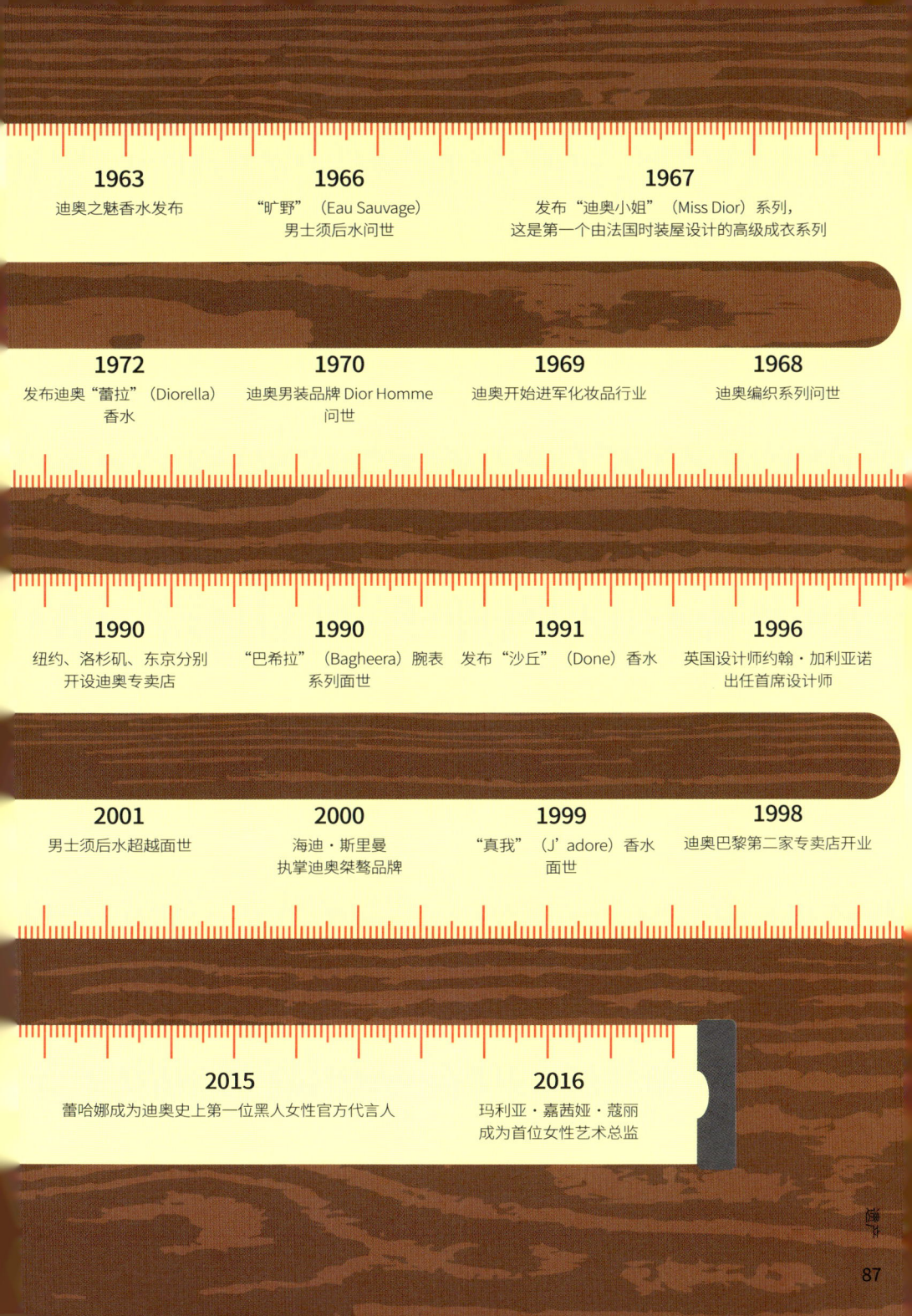

1966
"旷野"（Eau Sauvage）
男士须后水问世

1967
发布"迪奥小姐"（Miss Dior）系列，
这是第一个由法国时装屋设计的高级成衣系列

1972
发布迪奥"蕾拉"（Diorella）
香水

1970
迪奥男装品牌 Dior Homme
问世

1969
迪奥开始进军化妆品行业

1968
迪奥编织系列问世

1990
纽约、洛杉矶、东京分别
开设迪奥专卖店

1990
"巴希拉"（Bagheera）腕表
系列面世

1991
发布"沙丘"（Done）香水

1996
英国设计师约翰·加利亚诺
出任首席设计师

2001
男士须后水超越面世

2000
海迪·斯里曼
执掌迪奥桀骜品牌

1999
"真我"（J'adore）香水
面世

1998
迪奥巴黎第二家专卖店开业

2015
蕾哈娜成为迪奥史上第一位黑人女性官方代言人

2016
玛利亚·嘉茜娅·蔻丽
成为首位女性艺术总监

87

七大王牌设计师

让我们一起走进蒙田大道 30 号的迪奥总部,在这里,七位迪奥创意总监留下了他们各自的传奇。

伊夫·圣·洛朗
(Yves Saint Laurent)
1957—1960

马克·博昂
(Marc Bohan)
1960—1989

奇安弗兰科·费雷
(Gianfranco Ferre)
1989—1996

约翰·加利亚诺
(John Galliano)
1990—2011

比尔·盖登
(Bill Gaytten)
2011—2012

拉夫·西蒙斯
(Raf Simons)
2012—2016

玛利亚·嘉茜娅·蔻丽
(Maria Grazia Chiuri)
2016 年至今

人们常常把他视作法国时装界最后一位伟人。迪奥先生离世后，圣·洛朗临危受命。他的第一个设计系列，其中包括著名的三角形在"秋千裙"（Trapeze）系列，惊艳众人。随后他在 1960 年发布了带有浓厚披头士风格的系列时装，毛裙、高领毛衫等设计昭示着他在迪奥的谢幕。

马克·博昂入驻迪奥时，正值"摇摆的 60 年代"拉开帷幕。他的第一个设计系列的灵感来自于 20 世纪 20 年代"flappers"风格，此系列深受迪奥顾客喜爱。即便时尚变得越来越年轻化，马克仍然能将传统与优雅完美融合。

选择这位意大利设计师取代了马克的地位，对此社会各界争议激烈。建筑学专业出身的他，对几何图形有着偏爱——而这一风格有时却与迪奥的传统时尚理念冲突。他认为，他的时装是为那些"了解传统但却坚持自己"的女性而设计。

对于迪奥这家法国时装屋来说，选择这位从伦敦来到巴黎的水管工的儿子，绝对是巨大的惊喜。他曾经四次摘得"英国年度最佳设计师"称号，而其对于复古风格的痴迷热爱也带领迪奥重回巅峰状态。

出生于英国的设计师比尔·盖顿在加利亚诺出人意料地被解雇后，被紧急任命为临时首席设计师，他对此毫无准备。短暂混乱之后，他立即着手设计出比加利亚诺出挑风格更加便于穿着的更合身、传统的时装。

父亲是军人，母亲是清洁工，这位比利时设计师常常被人们拿来与伟大的克里斯汀·迪奥对比。在他带领下，剪裁精良的套装以及绽放的花朵、女人味浓郁的裙子统统回归了。而签约蕾哈娜和邀请詹妮弗·劳伦斯担当品牌大使，更是神来之笔。

作为迪奥史上第一位女性创意总监，玛利亚·嘉茜娅·蔻丽在她活力四射、性感且有女人味的设计系列中将女性力量注入迪奥王国。"我们必须知道，我们可以用时尚的方式为现代女性演绎传统。"为了向迪奥先生致敬，她首个系列的礼服设计里，绣上了迪奥先生一生痴迷的塔罗牌图案。

89

迪奥的关键词

设计
迪奥
印花棉麻
"Bar" 套装
火星
时尚杂志
秋土裙
艾娃·加德纳
飞行
Les Rhumbs 别墅
精致的克里斯汀·迪奥
玛格丽特公主
上帝和金子
迪奥小姐
时装店
可可·香奈儿
玛琳·黛德丽
旷野

平线
迪奥之韵
Diorama
平蒙田大道30号
花冠
时尚
紧身胸衣
时装设计师
塔罗牌
迪奥
自己改善
Cupola
郁金香
上帝和金子
蝴蝶纱
8
格兰维尔
新风貌
玲
兰

小传

伊夫·圣·洛朗
（1936—2008）

孤独的异类，在绘画中寻找慰藉。年仅21岁的圣·洛朗被任命为迪奥集团首席设计师。与迪奥的合同终止之后，他于1961年创立了自己的时装品牌，并成为时装界的领军人物。

吉内特"凯瑟琳"·迪奥
（1917—2008）

作为迪奥家最小的妹妹，凯瑟琳一直是迪奥最宠爱的亲人。在第二次世界大战期间，凯瑟琳加入了抵抗组织，并因卓越的贡献获得了十字军功章。迪奥小姐这款香水便是由她的名字而来。

罗伯特·皮盖
（1898—1953）

这位瑞士时装设计师培养出众多杰出设计师，比如克里斯汀·迪奥、于贝尔·德·纪梵希、皮埃尔·巴尔曼等等。皮盖时装店于1933年开业，直到1951年停业，1937年，迪奥作为助理，曾受雇于此。

亨利·索格
（1901—1989）

法国作曲家，带着对音乐共同的热爱，他与迪奥成为好友。他们与皮埃尔·加沃特和让·奥泽纳一同成立了组合，常常在"Le Club"酒吧以及巴黎其他酒吧演出。迪奥和索格特是一生挚友。

雷蒙德·泽纳克
（未知）

泽纳克曾一度被迪奥称作"第二个自己"。她是迪奥设计工作室的主管，但实际上其身份已经远远超出了这个头衔。在她的努力下，迪奥时装屋得以秩序井然。

雅克·本尼塔
（未知）

阿尔及利亚歌手，迪奥的最后一位恋人。两人于1956年相识，尽管二人有着30岁的年龄差，但仍然建立了非常亲密的关系，直至1957年迪奥突然离世。

让·奥泽纳
(1898—1969)

让·奥泽纳是迪奥·贝拉德的表兄,他是一名法国服装设计师、插画师,后来也做过演员。迪奥初来法国寻找工作之际便是寄宿在他家。是他发现了迪奥过人的艺术天分,并把他带进了时装界。

米萨·柏利卡
(未知)

迪奥的缪斯女神,同时也是他的首席造型师和顾问。米萨对豹纹和夸张的珠宝有着浓烈热爱。平日里她很少在下午两点之前露面,而人们见到她时,她总是包着头巾,腰间系着印有豹纹图案的围巾。

让·科克托
(1889—1963)

法国艺术家、作家,20世纪先锋派代表人物。他是迪奥的好友,两人经常一同相约巴黎咖啡馆里。迪奥常常受到这位超现实主义作家的灵感启发,他将自己设计的一条白色蝉翼纱连衣裙用科克托名字命名,以表敬意。

玛丽·玛德琳·朱丽叶·马汀
(1879—1931)

迪奥的母亲。她出生在安格斯,与莫里斯·迪奥结婚以后便搬到格兰维尔。迪奥继承了母亲对时尚的热情(她偶尔会自己设计裙子穿)和对花朵的热爱。这些情感让人如此灵感喷涌,却又令人敬畏。

迪奥·贝拉德
(1902—1949)

贝拉德是位法国艺术家、服装插图师以及设计师,也是广为人知的"Bebe"。在为俄罗斯芭蕾舞团工作后,他成为香榭丽舍芭蕾舞团的共同创始人之一。此外,他也为香奈儿、夏帕瑞丽、让·巴杜等品牌设计服装草图。

马赛尔·布萨克
(1889—1980)

布萨克是一位在纺织业发家的法国企业家,在1946年投资了迪奥时装屋。可是,布萨克集团于1978年宣布破产,而迪奥时装屋也被维洛特集团收购。

● 家人 ● 同事
● 朋友 ● 同伴

数字说迪奥

8 幸运数字

迪奥用数字 8 来为自己的处女座设计系列命名。因为他觉得女性纤细的腰肢、丰满的臀部和胸部，看起来就好似数字 8 的轮廓。

1946 年 10 月 8 日，迪奥时装屋成立于巴黎第八区一栋八层楼的建筑里，拥有 8 个工作坊。

12 件华裳

电影明星们对迪奥先生设计的礼服梦寐以求。1956 年，迪奥为主演电影《小茅屋》的演员艾娃·加德纳（Ava Gardner）设计了至少 12 件戏服。

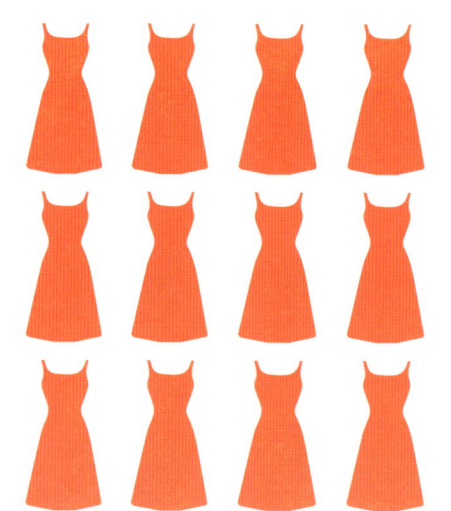

87 个国家

到 1957 年，迪奥的设计已经征服了世界，包括澳大利亚、美国、加拿大、古巴、英国在内的 87 个国家都开设有迪奥品牌专卖店。

100 000 件设计

到 1956 年迪奥时装屋成立 10 周年之际，迪奥公司已经推出了成千上万款精美服饰，每年的营业额超过 2 000 万美元。